Inhalt

Finanzierung durch Public Private Partnership - Banken als Partner der öffentlichen Hand

Kernthesen

Beitrag

Fallbeispiele

Zahlen und Fakten

Weiterführende Literatur

Impressum

GENIOS BranchenWissen Nr. 05/2007 vom 21.05.2007

Finanzierung durch Public Private Partnership - Banken als Partner der öffentlichen Hand

Autor GENIOS BranchenWissen: J.Reichert

Kernthesen

- Aufgrund der angespannten Finanzlage der öffentlichen Haushalte unterbleiben notwendige Investitionen in die Infrastruktur.
- Finanzierungsform der Public Private Partnership (PPP) verspricht eine Entlastung der öffentlichen Hand.
- Banken agieren als Kooperationspartner von Bund, Länder und Kommunen und

unterstützen bei Finanzierung und Verbriefung der PPP auf den Kapitalmärkten.
- Erforderliche Marktbreite der PPP ist trotz intensiver Bemühungen noch nicht erreicht.

Beitrag

Public Private Partnerships bieten in Zeiten knapper Budgets für notwendige Infrastrukturmaßnahmen der öffentlichen Hand die Möglichkeit, Steuermittel zu sparen und gleichzeitig Effizienzpotentiale der privaten Wirtschaft bei der Realisierung von Bauprojekten zu nutzen. Während in Großbritannien diese Form der Zusammenarbeit längst etabliert ist, steht in Deutschland der Durchbruch von PPP noch aus.

Angespannte Haushaltslage verhindert Investitionen in Infrastruktur

Der Bau, Betrieb und Unterhalt öffentlicher Einrichtungen wie Schulen, Schwimmbädern,

Brücken, Straßen aber auch Ver- und Entsorgungsanlagen liegt im Verantwortungsbereich der öffentlichen Hand. Die Finanzierung solcher Objekte ist aber aufgrund der immer noch angespannten Haushaltslage weiterhin eine Herausforderung für Bund, Länder und Kommunen und zwingt diese zu mehr Sparsamkeit und Wirtschaftlichkeit. In den öffentlichen Haushalten wird bei den Investitionsausgaben, insbesondere bei den Ausgaben für Bauvorhaben, oftmals der Rotstift angesetzt. Nach Berechnungen des deutschen Instituts für Urbanistik dürfte der Betrag an notwendigen Investitionen im kommunalen Bereich bis zum Jahr 2009 auf einen Betrag von mehr als 700 Milliarden Euro anwachsen. (2), (9)

Konzept der Public Private Partnership ermöglicht finanzielle Entlastung der öffentlichen Hand

Um einen Ausweg aus dieser finanziellen Zwangslage zu finden, sind neue Ansätze und Perspektiven erforderlich. Ein Instrument zur Realisierung kommunaler Infrastrukturvorhaben bei gleichzeitiger Entlastung der öffentlichen Haushalte bietet das

Konzept der Public Private Partnership (PPP) beziehungsweise der Öffentlich-Privaten Partnerschaften (ÖPP). PPP bedeutet im engeren Sinne eine langfristig (meist zwischen 20 und 30 Jahren) angelegte Kooperation zwischen öffentlicher Hand und privaten Investoren, welche neben der Risikoteilung auch die Abschöpfung von Prozess-Know-how und Innovationspotentialen des Marktes ermöglicht. PPP entstanden Anfang der neunziger Jahre in Großbritannien unter dem Namen Private Finance Initiative (PFI). Auf Initiative der Regierung wurden auf lokaler Ebene Infrastrukturprojekte durch eine engere Zusammenarbeit von öffentlichem Sektor und privater Wirtschaft. In den letzten 13 Jahren wurden 750 solcher Projekte abgeschlossen, rund 20 Prozent aller Investitionsvorhaben werden in Großbritannien inzwischen über PPP-Konstruktionen finanziert und machen damit Großbritannien zum größten Markt für PPP. [Abb.1], (3), (4), (5)

PPP bieten zahlreiche Vorteile für Kooperationspartner

Die Vorteile eines PPP-Projektes für die öffentliche Hand sind offensichtlich. Der private Partner übernimmt über eine eigens für das Projekt gegründeten Zweckgesellschaft in den meisten Fällen die Verantwortung für die komplette Bereitstellung des Investitionsobjektes. Er garantiert auch für einen festgelegten Zeitraum deren Betrieb und Wartung. Gegenüber einer herkömmlichen Baufinanzierung können mit einem geringeren Einsatz von Steuergeldern mehr Investitionen schneller als bisher realisiert werden. Sämtliche Planungsaufgaben wie Termine, Kosten und Qualität werden durch den privaten Bauherren überwacht, der sich auch zu einer termingerechten Fertigstellung des Objektes verpflichtet. Den Kommunen gelingt es auf diese Weise einerseits ihren Haushalt zu entlasten, zusätzlich aber auch die politische Kontrolle über das Projekt zu behalten. Für die private Bauwirtschaft erschließen sich durch PPP-Projekte angesichts eines Volumens an Sachinvestitionen der öffentlichen Haushalte von über 32 Milliarden Euro neue Marktchancen und Wachstumsimpulse. [Abb.2], (4), (5), (8)

Banken unterstützen bei Finanzierung und Verbriefung der Projekte

Kommunen, Bund und Länder benötigen jedoch gerade bei der Gründung von Private Public Partnerships intensive Unterstützung. Für Vorfinanzierung und Bauzeitfinanzierung benötigt das Bauunternehmen einen verlässlichen Partner. Diese Umstände bieten den Kreditinstituten in Deutschland ein attraktives und durchaus rentables Betätigungsfeld, können Sie doch die Mittlerrolle zwischen den internationalen Kapitalmärkten und der öffentlichen Hand einnehmen. Marktchancen bestehen jedoch nicht nur auf der Finanzierungs- sondern auch auf der Anlegerseite. Das Projektrisiko wird durch Verbriefung auf den Kapitalmarkt transferiert, indem einzelne oder auch ein Portfolio von Projekten durch Emission spezieller Bonds Investoren zugänglich gemacht werden. Das dabei eingenommene Kapital wird für die Projektfinanzierung eingesetzt. Aufgrund der stabilen Cashflows, einer geringen Korrelation zu anderen Anlageklassen und eines kalkulierbaren Risikos bieten diese Finanzprodukte eine hohe Attraktivität besonders für langfristig ausgelegte Pensionsfonds und Versicherungen. (6), (7), (9)

Kreditinstitute konkurrieren um

großvolumige Projekte

In Deutschland haben bisher überwiegend die überregional agierenden Landesbanken das Geschäftsfeld PPP besetzt. Die Landesbank Baden-Württemberg bietet beispielsweise neben der Beratung und Begleitung während der Ausschreibungsphase über eigene Tochtergesellschaften auch die Übernahme der Verantwortung für Planung, Bau und Finanzierung des Objektes. Neben den Sparkassen und Landesbanken mit traditionell guten Geschäftsbeziehungen auf kommunaler Ebene, versuchen aber auch große Privatbanken im Wettbewerb um die Finanzierung von PPP-Projekten Fuß zu fassen. Gerade großvolumige Projekte mit einer Kapitalmarktfinanzierung vom mehr als 100 Millionen Euro werden für international tätige Geschäftsbanken interessant. Aber auch Projekte mit kleinerem Finanzierungsvolumen, für die überwiegend nur die klassische Bankenfinanzierung in Frage kommt, werden durch die Möglichkeit der Verbriefung von Portfolios von PPP-Projekten für Kreditinstitute interessant. Bieten sie doch die Möglichkeit des Managements von ökonomischem und regulatorischem Eigenkapital der Banken. (4), (9)

Noch sind PPP von Risiken behaftet

Bei allen Vorteilen der PPP sind jedoch gerade aus Investorensicht auch einige Risiken zu beachten. Das Kapital der Anleger ist je nach Ausgestaltung des PPP-Bonds zumindest für 10 Jahre fest gebunden. Zusätzlich sind bei Zeichnungsbeginn zwar Anlagekriterien und Renditevorgaben bereits formuliert, dem Anleger stehen aber noch keinerlei Informationen über konkrete Investments zur Verfügung. Die Bonds haben den Charakter so genannter Blind-Pools. Betrachtet man den Markt für PPP in Deutschland ist festzustellen, dass bundesweit die Umsetzung von PPP-Projekten noch in der Anfangsphase steckt. Eine durchgreifende Akzeptanz auf allen Ebenen der öffentlichen Hand fehlt derzeit noch. Es wäre daher dringend erforderlich, PPP weiter zu institutionalisieren und Möglichkeiten, Anwendungen und Umsetzungsrichtlinien dem öffentlichen Bereich zu vermitteln und zu etablieren. (7)

Bundesregierung und private

Wirtschaft intensivieren Anstrengungen zur Etablierung der PPP

Die Bundesregierung hat die Notwendigkeit zur Festlegung eines Regulierungsrahmens für PPP jedoch bereits erkannt. In der kürzlich beschlossenen Novellierung des Investmentgesetzes wurde die neue Investmentkategorie Infrastrukturfonds geschaffen, welche es ermöglicht, Investitionen in öffentlich-private Partnerschaftsprojekte zu tätigen. Zudem wird durch die Bundesregierung beabsichtigt, das Public-Private-Partnership-Recht zu reformieren, um zukünftig den Kapitalmarkt intensiver zur Finanzierung öffentlicher Infrastrukturinvestitionen nutzen zu können. Um PPP in Deutschland trotz der enormen Potentiale zum Durchbruch und zur erforderlichen Marktbreite zu verhelfen, sind weitere Anstrengungen nötig, wie der Vorschlag der Initiative Finanzstandort Deutschland (IFD), eine von öffentlicher Hand, Privatwirtschaft und IFD gemeinsam getragene gewinnorientierte Beratungsgesellschaft nach angelsächsischem Vorbild zu entwickeln. (1), (3),

Fallbeispiele

Neubau des Protonentherapiezentrums in Essen

Die erste kapitalmarktbasierte Finanzierung einer deutschen PPP wurde im Juni 2006 durchgeführt. Für den Neubau des Protonentherapiezentrums des Universitätsklinikums Essen wurde ein Finanzierungsvolumen von 136 Millionen Euro komplett durch die Auflage von Senior-, Junior- und Mezzanine-Bonds abgedeckt. Zahlungen für den Bau und den Betrieb des Zentrums erfolgen durch den Auftraggeber, die Westdeutsche Protonenzentrum Essen GmbH in Abhängigkeit von Einsatzbereitschaft und Leistungsfähigkeit der Anlage. Damit wurden nur Teile des Projektrisikos auf den privaten Sektor übertragen, da im Schadensfall die Zahlungen durch die öffentlich-rechtliche GmbH komplett ausfallen können. (4)

Nord/LB ist Arrangeur beim Bau

einer Justizvollzugsanstalt

In der Stadt Burg in Sachsen-Anhalt ist die Nord/LB als Mandated Lead Arranger bei der Finanzierung des Baus und Betriebs einer Justizvollzugsanstalt involviert. Dieses PPP-Projekt hat nach Angaben der Bank ein Investitionsvolumen von rund 100 Millionen Euro. Bis im Jahr 2009 soll das Gefängnis mit mehr als 650 Haftplätzen fertig gestellt sein. Dienstleistungen wie Instandhaltung, Wartung und Reinigung werden durch ein privates Konsortium durchgeführt. Neben der Nord/LB, gehören die Commerzbank und die HSH Nordbank zu den arrangierenden Kreditinstituten. (9)

Zahlen & Fakten

Top 10 Länder nach Volumen im Markt für Public Private Partnerships (PPP)

Rang	Land	Volumen in Milliarden Euro
1	Großbritannien	37,30
2	Italien	22,45
3	Frankreich	2,40
4	Portugal	1,83
5	Deutschland	1,75
6	Österreich	1,70
7	Irland	1,50
8	Niederlande	1,18
9	Rumänien	1,17
10	Belgien	1,06

GBI-Genios Grafik

Quelle: DLA Piper, IFSL London

Entnommen aus: Handelsblatt, 10.07.2006 (5)

Sachinvestitionen der öffentlichen Haushalte im Jahr 2005

	Betrag in Mio. EUR	Anteil in Prozent
Bund	7.246	22,6%
Länder	6.261	19,5%
Gemeinden	18.604	57,9%
Insgesamt	32.111	100,0%

GBI-Geibs Grafi

Quelle: Statistisches Bundesamt

Entnommen aus: Die Bank, Heft 05/2007 (3)

Weiterführende Literatur

(1) Verbriefungen aus Sicht - des Bundesfinanzministeriums
aus Zeitschrift für das gesamte Kreditwesen 19 vom 01.10.2006 Seite 1016

(2) Deutsche Leasing bietet ausgefeilte Lösungen für

die Kommunen Wege aus dem angefallenen Investitionsstau
aus Die SparkassenZeitung, 20.10.2006, Nr. 42, S. 17

(3) PPP-Markt gewinnt an Dynamik
aus Die Bank, Heft 05/2007, S. 24-29

(4) Public Private Partnerships und Verbriefung in Deutschland: Kapitalmarktfinanzierung nach britischem Vorbild
aus Zeitschrift für das gesamte Kreditwesen 19 vom 01.10.2006 Seite 1051

(5) Europa: Markt für Public Private Partnerships (PPP)
aus Handelsblatt, 10.07.2006, S. 31

(6) Kreditinstitute für alle finanziellen Belange der Kommunen Städte und Gemeinden wissen, auf wen sie sich verlassen können
aus Die SparkassenZeitung, 01.09.2006, Nr. 35, S. B8

(7) Gute Aussichten für Infrastruktur-Fonds
aus Bankmagazin, Heft 2006/09, S. 32-36

(8) Die finanzmarktpolitischen Vorhaben der Bundesregierung im Jahre 2007 weniger Bürokratie, mehr Wachstum
aus Zeitschrift für das gesamte Kreditwesen 01 vom 02.01.2007 Seite 011

(9) PUBLIC PRIVATE PARTNERSHIP Straßen, Knaste, Hallenbäder

aus Sparkasse, Februar 2007, Nr. 02, S. 38

Impressum

Finanzierung durch Public Private Partnership - Banken als Partner der öffentlichen Hand

Bibliografische Information der deutschen Nationalbibliothek

Die Deutsche Nationalbibliothek verzeichnet diese Publikation in der deutschen Nationalbibliografie; detaillierte bibliografische Daten sind im Internet über http://dnb.d-nb.de abrufbar.

ISBN: 978-3-7379-2064-3

© 2015 GBI-Genios Deutsche Wirtschaftsdatenbank GmbH, Freischützstraße 96, 81927 München, www.genios.de

Alle Rechte vorbehalten. Dieses Werk ist einschließlich aller seiner Teile – z.B. Texte, Tabellen und Grafiken - urheberrechtlich geschützt. Jede Verwertung außerhalb der Grenzen des Urheberrechtsgesetzes bedarf der vorherigen Zustimmung des Verlags. Dies gilt insbesondere auch für auszugsweise Nachdrucke, fotomechanische

Vervielfältigungen (Fotokopie/Mikroskopie), Übersetzungen, Auswertungen durch Datenbanken oder ähnliche Einrichtungen und die Einspeicherung und Verarbeitung in elektronischen Systemen.